UN BON SAMARITAIN JAUNE

Ou l'École de la Charité dans l'Extrême-Orient

RÉCIT AUTHENTIQUE

PAR

G. APPIA

PARIS
SOCIÉTÉ DES ÉCOLES DU DIMANCHE
33, RUE DES SAINTS-PÈRES, 33

1907

UN BON SAMARITAIN JAUNE

L'amour est, dès ici-bas, le commencement de la perfection (1 Jean IV, 12), parce que seule entre toutes les vertus, la charité « croit tout, » supporte tout, espère tout, et ne fait jamais » défaut. »

C'est cette charité tendre et forte, pleine d'originalité, d'habileté et de bon sens, qui a de tout temps, même aux époques les plus sombres de l'histoire, assuré la victoire de l'Evangile.

Lorsque la cruauté de l'Eglise contre les Albigeois, et les luttes violentes de l'empereur Frédéric II, et du pape Innocent IV menacèrent de dégoûter les âmes de la religion chrétienne, Dieu donna à la France un monarque idéal, Saint Louis, aussi charitable que valeureux ; et lorsque, sous l'influence néfaste des Valois, la France eut rejeté la Réforme avec ses principes et sa sévérité morale, à l'heure où les tourments de la guerre de Trente Ans, où les souffrances interminables de la Lorraine, des Flandres et du Piémont pouvaient de nouveau tenter les hommes, à douter de la Providence et à maudire leur sort et leur Dieu, ce Dieu de miséricorde suscita un héros de la bonté, Saint Vincent de Paul, et avec lui, une armée de sœurs de Charité, qui contribuèrent, plus que toutes les prédications, à rendre l'espérance aux hommes et à leur faire comprendre que l'Evangile a le secret de faire naître les génies du dévouement et de la charité, qui ne fait jamais banqueroute.

Dans notre enfance, on aimait entendre raconter les aventures des chevaliers, des tournois et des croisés, aujourd'hui la mode est à l'Extrême-Orient. Je prouverai donc ma thèse par l'exemple d'un japonais ; et je montrerai au lecteur, que l'amour engendre l'amour et que nous n'avons qu'à faire du bien au prochain, pour apprendre à l'aimer et à aimer en général. Aimons-nous les uns les autres, disait le vieil apôtre Jean ; car celui qui n'aime pas ne connaît point Dieu, car *Dieu est amour*.

Si l'un de mes lecteurs préfère appeler cela de l' « altruisme », vu que « charité » est devenu trop clérical et semble trop ancien, je ne lui chercherai pas chicane sur les mots, pourvu que nous obtenions la chose.

Accompagnez-moi donc à l'île Kiousiou et à la petite ville de Takanabé. Regardez mon petit Japonais ; il a douze ans, appartient à la noblesse pauvre et s'appelle Djondjé Ischii. Comme l'eau douce et l'eau salée abondent dans sa patrie, il est grand ami de la pêche ; malheureusement il n'a guère de chance et les poissons japonais, comme les nôtres, se défient des hameçons. Que faire ? Mon petit homme a eu l'idée de mettre le nez dans les livres ; il y a vu les figures des Croisés et a été frappé de les voir tous porter un signe mystérieux, dont il ignore absolument l'origine et le sens, savoir une croix. Il consulte un de ses amis ; celui-ci lui apprend, que c'est le signe magique, avec lequel les chrétiens opèrent des miracles. Il comprend, et profite aussitôt de la leçon. Le voilà donc, la ligne à la main, combinant l'application de ce merveilleux signe à la prise des poissons ; il fait le signe de la croix, invoque la croix : et ne voilà-t-il pas, que sa pêche réussit admirablement. Il passe sa recette à son ami, qui pêche près de lui, et le succès couronne les efforts du voisin !

« Il y a donc un pouvoir invisible, qui contrôle nos actions », se dit le petit philosophe, et, chose vraiment étrange ! le pauvre enfant païen, entouré d'idoles, qui ne connait que le dieu Bouddha, souriant béatement et avec une souveraine indifférence à nos malheurs, trouve, dans ce qui s'est passé pendant sa pêche, une preuve qu'un pouvoir bienveillant le suit et comprend ses désirs.

Cette impression se fortifia à la suite d'un singulier incident. Une nuit, il rêva qu'il était jeté en prison ; et ne voilà-t-il pas, que le lendemain il se voit en effet appréhendé par un agent de police, enfermé pendant quarante jours et accusé d'avoir trempé dans un complot, qui devait aboutir à l'assassinat d'un prince japonais ; mais son innocence fut reconnue et ayant recouvré la liberté, il entra dans le service de la police après s'être marié. Malheureusement sa mauvaise conduite le fit révoquer et ruina sa santé. Entre temps, sa jeune femme et sa mère devinrent chrétiennes, et même chrétiennes ferventes ; et le médecin auquel il avait eu recours, à la suite de ses désordres, se trouva être un fidèle disciple de l'Evangile, qui ne se contenta pas de guérir son corps, mais l'instruisit dans les doctrines chrétiennes et lui inspira la pensée, de faire lui-même des études de médecine, à la Faculté de Okoyama, où il arriva en Août 1882.

Préoccupé de plans nouveaux et surtout du sentiment intime de ses péchés, il se rendit, à peine arrivé à Okayama, au dépôt biblique. Il y fut très mal reçu, les étudiants ayant joué de mauvais tours à la famille du libraire. Rebuté du côté des protestants, il s'adressa aux missionnaires catholiques, qui le reçurent on ne peut mieux, l'associèrent à leurs tournées d'évangélisation, mais se rendirent suspects, en objectant à son désir de lire la Bible. Il se procura néanmoins un Nouveau Testament et se persuada, que le catholicisme était, sur plusieurs points, en opposition avec l'Ecriture Sainte et s'adressa au pasteur Kanamori, qui est devenu pour lui un guide sûr et fidèle.

Il trouva à Okoyama une chrétienne expérimentée, qui devint pour lui une vraie mère spirituelle. Elle s'appelait Kumé Sumiya. Le 2 novembre 1882, il était reçu dans l'église évangélique par le baptême.

Le Japon avançait à grands pas vers une civilisation et un état social tout nouveaux.

C'était le moment où l'admirable patriote chrétien, Joseph Nisima, venait de fonder l'université de la Solidarité ou Doschischa. Après avoir collecté, en Amérique et au Japon, les fonds nécessaires, il écrivit le récit de ses expéditions, rapportant entre autres le fait, qu'à Boston, deux pauvres vieux, un homme et une femme, avaient contribué, chacun pour 10 francs, à sa collecte en faveur de la Doschischa. Ce simple fait toucha le cœur du nouveau croyant ; il se dit, que si, de l'autre côté de l'Océan, des étrangers s'imposaient de tels sacrifices de charité pour le Japon, c'était bien le moins, qu'il se consacrât lui-même tout entier au bien de son peuple. Sans tarder, il mit la main à l'œuvre, se rendit à son lieu de naissance à Takanabé et y loua un temple schintoïste, pour y établir une école de pauvres, dont il prit, pendant quatre ans, tous les frais à sa charge, et quand il fut obligé de retourner à ses études, il put en confier la direction à l'un des petits vagabonds qu'il avait arraché à sa vie de mendicité et dont il avait fait son collaborateur.

Mais les œuvres de charité ne marchent pas toutes seules. Il raconte, que dès qu'il se relâchait dans la prière, son catéchiste l'informait que l'œuvre déclinait. Aussitôt, il se remettait à prier et bientôt les nouvelles étaient excellentes. Cependant le surmenage des études et des soucis augmentés, par le fait qu'il entretenait en outre un de ses camarades d'études, commencèrent à compromettre sa santé. Comment s'en étonner, quand nous apprenons, que, pour faire face à ses dépenses charitables, il accompagnait chaque soir des baigneurs aux bains publics, pour les masser ensuite à la mode japonaise ; qu'après avoir travaillé ainsi jusqu'à minuit, il se remettait à ses études, dès 4 heures du matin.

Dans ces circonstances, il accepta avec reconnaissance l'offre que lui fit le chef de l'hôpital, de venir se reposer chez lui pendant l'espace de trois mois. C'est à ce moment qu'une lettre d'un étudiant de la Doschischa, lui racontant la visite de Georges Müller à Kioto, vint donner à sa vie tout entière une nouvelle direction quoiqu'il n'ait jamais eu l'occasion de rencontrer le fondateur des orphelinats de Clifton. Ce qu'il apprit sur l'œuvre merveilleuse de charité et de foi de Georges Müller, décida le jeune médecin à se consacrer entièrement aux orphelins abandonnés de son pays. Malgré sa santé ébranlée, il se mit immédiatement à l'œuvre ; s'établit à Kamiatschi, localité située à une quinzaine de kilomètres d'Okoyama, et commença à exercer la médecine, pour assurer d'abord l'existence de sa famille.

Ce résultat obtenu, l'occasion se présenta bientôt, de joindre à son activité médicale le travail philanthropique auquel il avait résolu de se vouer. Dans une cabane du voisinage, demeurait une famille composée d'une veuve et de deux enfants, dont le dénuement était absolu. S'étant rendu dans ce réduit de la misère, il apporta aux enfants un bon plat de riz et ne fut pas peu étonné et réjoui, en voyant le frère, dont les yeux et toute l'apparence révélaient la faim et l'avidité, commencer par passer le plat de riz à sa pauvre sœur estropiée ; la mère, qui était allée mendier dans le voisinage, étant rentrée, apprit ce qui s'était passé dans son absence et ne manqua pas de se rendre chez le jeune médecin, pour lui exprimer sa reconnaissance.

Une relation de confiance s'étant établie entre eux, elle lui exposa sa situation réelle : Le mari était mort depuis peu, et le désir de la veuve était de se rendre dans son lieu de naissance, où elle était sûre de trouver du travail ; mais elle sentait, que ses gains ne suffiraient pas, pour nourrir ses deux enfants. Ischii crut voir là une indication suffisante, pour offrir à la mère de garder l'enfant chez lui, mais la mère refusait de s'en séparer et ne consentit à entrer dans ses vues, qu'à la condition, que l'enfant rentrerait chez elle chaque soir ; peu à peu, la confiance que lui inspira le protecteur de son fils, décida la mère à le lui abandonner pour son éducation. C'est ainsi que débuta l'activité du nouveau Georges Muller japonais. En effet, un nouvel exemple de charité et de dévouement vint lui donner un stimulant inattendu. En juillet 1887, il apprit qu'un pêcheur du voisinage et sa femme, qui venaient d'échapper à peine eux-mêmes à la mort de faim, avaient reçu dans leur maison une petite fille âgée de trois ans et son frère âgé de cinq, devenus orphelins à la suite du choléra et que des voisins inhumains étaient sur le point d'enterrer vivants, tant ils semblaient près de la mort par suite de la famine. Cet exemple donné par les païens remua à nouveau la conscience du jeune philanthrope, qui se dit, que, si des païens ignorants de l'amour de Dieu sont capables, par pure pitié naturelle, de s'imposer de si réels sacrifices, un chrétien sauvé par J. C. ne saurait faire moins qu'eux. Sous l'impression de cette nouvelle expérience, il revint à Okoyama, prit conseil de ses amis chrétiens et loua, dès le mois de septembre de la même année, un vaste temple bouddhique, dans lequel il établit sa famille et ouvrit son orphelinat. Il résolut de le fonder sur les mêmes principes que ceux de Georges Muller et de n'attendre les secours que de Dieu seul, en s'appuyant uniquement sur ses promesses. Les épreuves ne manquèrent pas pour exercer sa confiance en Dieu; mais jamais il ne refusa l'entrée de son asile à un enfant dans la détresse. Comme pour la veuve de Sarepla, la farine n'a jamais manqué dans la cruche, ni l'huile dans la fiole. Ischii fut obligé de renoncer à la médecine, malgré le diplôme obtenu ; et le terrible tremblement de terre de 1891 remplit bientôt sa maison d'orphelins. L'active coopération de l'Armée du Salut, lui fournit 1.700 pièces de vêtement et 5.000 francs de secours. Il put même établir une annexe à Nagoya, qui avait particulièrement souffert du tremblement de terre.

Il comprit bientôt que l'avenir de ses orphelins ne serait garanti, que s'il les habituait à un travail rémunérateur; son sens pratique l'a amené à introduire dans son orphelinat toute espèce de métiers : la fabrication des nattes et des paniers, la broderie de soie, la composition et l'imprimerie et, par dessus tout, l'agriculture et pour les filles, les travaux du ménage. On y a ajouté l'ébénisterie, la fabrication des allumettes et du savon. Après le travail de la journée, les heures du soir sont consacrées à l'étude. Ni le « Kindergarten », ni les leçons d'anglais n'y manquent. Ici comme partout, on a pu constater, que le dévouement est contagieux. Un évangéliste indigène a donné à l'orphelinat toute sa fortune, c'est-à-dire plus de 9.000 francs. Chose remarquable, il n'y a jamais eu dès lors besoin d'acheter aucun vêtement. En 1892, 285 garçons et filles avaient déjà passé par l'orphelinat.

L'instinct républicain des Américains et la solidarité japonaise se sont combinés, pour faire de cette grande famille une sorte de république de jeunesse. Les élèves sont partagés en groupes de 10, de 50 et de 100, élisent eux-mêmes leurs fonctionnaires, décident de toutes les petites affaires et ne recourent au « père Ischii », que dans les circonstances sérieuses. Fondée sur les mêmes principes que ceux de Georges Müller, la maison d'Okoyama est devenue une vraie école de prière et de foi.

L'affreuse détresse qui a désolé le nord du Japon, après la famine de l'an dernier, a considérablement augmenté le nombre des orphelins. Il s'est élevé en trois mois, de 375 à 1.200 : il a fallu augmenter en proportion le personnel directeur, de 20 à 70 personnes ; mais chrétiens et païens ont été entraînés dans le mouvement de la charité du « père » Jschii ; il a vu se produire des libéralités toutes nouvelles, qui se sont élevées à 12.000 et même à 60.000 francs. L'attention du public a été éveillée, et le philanthrope chrétien, uni à un ami qui partage sa foi, nommé Fateischi, a organisé dans la ville et dans tout le district une œuvre efficace de mission intérieure.

Jésus ayant raconté la parabole du Bon Samaritain, terminait en disant au pharisien : *Va et fais de même*.

Nous ne sommes pas tous appelés à la même forme d'activité charitable que le Docteur Ischii ; et cependant, chaque fois qu'on nous raconte l'histoire de quelque nouveau Bon Samaritain, une voix nous dit : « Va et fais de même ». « Aime, et fais tout ce que tu voudras ».

Il y a, depuis 1906, d'après le dernier rapport de la grande Société biblique, 400 langues et peuples, auxquels l'œuvre des missions a donné l'Ecriture Sainte, en entier ou en partie. Dans ces 400 langues, ou même, selon le dernier volume du docteur américain Dennis, dans 482 langues, va retentir le chant des anges et des hommes : « Je vous annonce une grande

» joie qui sera pour tout le peuple, c'est que » Dieu a tant aimé le monde, qu'Il a donné son » fils unique, afin que quiconque croit en Lui » ne périsse point, mais qu'il ait la vie éter- » nelle » : Aimer, donner, sauver, faire vivre : voilà donc, comment Dieu s'y est pris, pour enseigner à l'homme à cesser d'être un égoïste et à aimer de mieux en mieux. L'amour descend : c'est Dieu qui a aimé le premier, ce sont les parents, c'est la mère, qui commence à aimer l'enfant et l'enfant la suit. La meilleure école du dévouement et de l'amour est l'exercice de la charité. « S'il est une loi confirmée » par l'expérience, dit Vinet, c'est qu'à mesure » qu'on fait du bien, on trouve plus de plaisir » à le faire. L'âme, dans l'atmosphère de la » charité, se sent tellement à l'aise, qu'à me- » sure qu'elle respire cet air, elle n'en veut » point respirer d'autre. Voilà pourquoi les » plaisirs de la charité, s'il est permis de les » nommer ainsi, ne se flétrissent jamais, et » pourquoi ceux qui s'y sont essayés, y trou- » vent toujours plus de goût ; comme s'il y » avait là quelque divin secret, qui se décou- » vrît toujours davantage. Mais, dans cette loi » sublime, une loi terrible est cachée ; c'est que » la charité s'éteint faute d'exercice, et qu'en

» n'usant pas des moyens, même petits, de » faire du bien, on perd la volonté d'employer » même les plus grands et les plus abondants. » Il n'y a pour l'âme que deux principes tou- » jours actifs, toujours envahissants : *l'égoïsme* » et la *charité*, il faut que l'un croisse et que » l'autre diminue ; l'une ne s'enrichit que des » pertes de l'autre ». Apprenons donc à aimer, à pratiquer la vraie charité, non pas celle qui est synonyme d'aumône, mais la charité du Christ, de Celui qui s'est donné lui-même, tout entier, sans réserve, avec une pleine liberté, ajoutant à ses enseignements passés, la parole prononcée, le soir de la Pâques : Comme mon Père m'a envoyé, ainsi je vous envoie. Demeurez dans mon amour ; c'est à cela que tous connaîtront que vous êtes mes disciples, si vous vous aimez les uns les autres. N'aimons donc pas de paroles et de langue, mais aimons en effet et en vérité ; c'est là le secret d'une vie de progrès, de bonheur croissant et d'influence bénie.

FIN

CAHORS, IMPRIMERIE A. COUESLANT. — 9335.

www.ingramcontent.com/pod-product-compliance
Lightning Source LLC
LaVergne TN
LVHW012016170826
845678LV00004BA/1512